RÉPONSE

DE

MAYEUL DESROCHES

VIGNERON A SOUVIGNY

A M. BARDOUX, CONSEILLER GÉNÉRAL

> Il faut plus que de l'esprit pour être auteur. Un magistrat allait par son mérite à la première dignité; il était homme délié et pratique dans les affaires; il a fait imprimer un livre qui est rare par le ridicule....
>
> (LA BRUYÈRE, Ch. Ier.)

PRIX : 50 CENTIMES.

A MOULINS

CHEZ LES PRINCIPAUX LIBRAIRES

—

1865

RÉPONSE

DE

MAYEUL DESROCHES

VIGNERON A SOUVIGNY

A M. BARDOUX, CONSEILLER GÉNÉRAL

MONSIEUR,

Je ne suis qu'un petit vigneron, peu connu jusque-
là hors de mon village et ne cherchant point à l'être;
bonhomme, du reste, craignant la grêle et la gelée,
mais ne songeant point à mal et vivant, autant que
possible, en bonne intelligence avec tous mes voisins.
Or, voyez à quoi tient la destinée d'un homme! Vous
imprimez mon nom, vous m'adressez une belle épî-
tre, et me voilà devenu un personnage. Tout le

monde maintenant parle du père Desroches, et, quand je vais au marché, j'entends dire : « Connaissez-vous le père Desroches, à qui M. le conseiller général écrit? Ce n'est point un sot, allez! Tenez, le voilà qui passe. » Bref, on commence à me tirer son chapeau, et, ma réputation grandissant, je ne désespère pas, si l'ambition m'en vient, de pouvoir, aux prochaines élections, entrer dans quelque conseil. C'est à vous que je le devrai.

En attendant, monsieur, vous voulez causer tout haut avec moi; c'est beaucoup d'honneur que vous me faites, et j'ai bonne envie de vous répondre. Mais, comme vous avez eu soin de me le dire, je ne sais pas bien parler; cela m'intimide. Et puis ne vous ai-je pas vu, un jour d'audience, droit sur votre siége et *tout de noir habillé*, comme dit l'autre? Ce n'est guère fait pour rassurer le pauvre monde. Pourtant votre lettre commence bien; à ce que j'en peux voir, vous ne craignez pas le mot pour rire et vous aimez le bon vin, *vinum bonum*. En ma qualité de vigneron, ce goût ne me déplaît pas. Donc, topez là et causons un peu pour voir si nous ne pourrons pas à la fin nous entendre.

I

Et d'abord, il est bon de vous dire qu'on vous a mal renseigné. Je n'ai point voté pour vous, c'est vrai; mais je ne suis pas le seul, comme vous le croyez. Il ne faut pas que cela vous chagrine; mais Jean des

Condemines en a fait autant, et Jacques Chauvot, et Patrocle de Chantegrelet, et Gilbert des Carpòtières, et Odilon des Marchereux. Et il y en a d'autres, sans compter ceux qui se repentent de l'avoir fait et veulent une autre fois se mieux conduire. Mais laissons ce détail et passons à ce que vous appelez « la question la plus sérieuse. »

Vous soupçonnez « qu'on a voulu me faire croire qu'en votant contre vous je faisais une œuvre pie, agréable à Dieu lui-même. » Vous *soupçonnez*, monsieur ; m'est avis que vous avez tort ; le soupçon ne convient pas à un homme grave, et de plus il n'est ni tolérant ni charitable. Je vous dirai tout nettement la chose. Ce n'est pas au père Desroches qu'on en fait accroire. A mon âge, on a de l'expérience, Dieu merci ! et si on sait, au besoin, se prêter à un bon conseil, on sait aussi, le cas échéant, faire à sa tête et ne se point laisser enjôler par les beaux diseurs. En ne votant pas pour vous, je n'ai consulté que mes petites lumières. Voilà tout le mystère, et il n'y a influence de personne. Mais d'avoir eu l'idée, en vous sacrifiant, de faire *œuvre pie,* vous n'y pensez pas ! et je ne vois même pas bien, pour mon compte, en quoi ce sacrifice eût été *agréable à Dieu.* Vous vous expliquez peut-être la chose, cela suffit et n'est point mon affaire.

II

Vous regardez, dites-vous, « la liberté de conscience comme la première des libertés. » A merveille ! et je suis des vôtres. Il n'y a rien de si bon que d'aimer la liberté pour soi et surtout que de la laisser aux autres. Avec la liberté bien entendue et bien pratiquée, on vit en paix avec tout le monde, on ne s'inquiète pas de savoir ce que pense ou ne pense pas son voisin, on marche côte à côte sans s'embarrasser, on n'a de *soupçon* contre personne, chacun va droit son chemin, et *on peut aller même à la messe* sans que Pierre ou Paul ait rien à y voir. N'est-ce pas un de vos amis, M. de Béranger, qui a dit cette vérité? Je lui en fais bien mon compliment et suis bien aise d'apprendre que vous ne le démentirez point.

Ce qui me fait plaisir aussi, c'est de vous entendre dire que vous « respectez la religion de vos pères, et que vous vous montrerez toujours disposé à assurer l'indépendance et la dignité de ses ministres. » Voilà ce qui s'appelle bien parler. L'INDÉPENDANCE ET LA DIGNITÉ DES MINISTRES DE LA RELIGION, quelles belles paroles ! Je les voudrais voir écrites partout en belles lettres moulées ; en attendant, je vais leur donner la meilleure place au fin fond de ma mémoire. Allons, monsieur, jusque-là nous pouvons nous entendre, et je suis tout fier que vous ayez bien voulu causer avec moi.

Après ça, pour un homme qui a fait ses classes, il n'est pas étonnant que «vous aimiez les belles basiliques.» C'est notre église, je crois, que vous appelez de ce nom. Je ne m'en cacherai pas, non plus : je me sens heureux sous ces vieilles voûtes qui concentrent la prière de tous et la font monter en faisceau vers celui qui gouverne tout. C'est notre maison, à nous autres du peuple. J'aime à y entrer, et on ne nous fait pas poser nos sabots à la porte, comme ça m'est arrivé quelquefois ailleurs, chez certains qui se disaient pourtant de nos amis. Vous ferez donc bien de nous aider «à l'entretenir et à la restaurer.» *Cela me suffit*, comme vous dites ; n'ayez pas peur, je ne veux pas vous en demander davantage, sachant bien qu'il ne faut demander aux gens que ce qu'ils veulent ou peuvent vous donner.

III

Je ne suis pas curieux, et je ne tiens pas du tout «à connaître votre opinion sur le temporel.» Vous dites que «c'est un sujet bien difficile.» Je vous crois, et il y a bien des gens dans le monde qui n'y entendent pas grand'chose, et qui, tout de même, ont la manie d'en parler. Vous n'êtes pas de ceux-là, c'est la marque d'un bon esprit. Oui, je suis de votre avis : «Les prêtres doivent être les maîtres dans leurs églises, et même hors de leurs églises en ce qui concerne la religion. » Je note encore cette phrase, elle me plaît. Les prêtres ne demandant pas autre chose, tout le monde sera content. Voilà qui est convenu. Ils auront bien déjà assez à faire de nous prêcher l'Evangile, de nous instruire de nos devoirs et de nous rappeler à la *pratique* des commandements de Dieu. C'est leur tâche, tâche souvent ingrate et difficile, qu'il leur faut laisser.

Nous voilà d'accord, mais j'ai peur que cela ne dure point. « Parmi les prêtres, dites-vous, il y a des hommes très éclairés et très sages. » Vous voulez dire sans doute qu'il y en a aussi qui le sont moins. Passe ! vous hantez peut-être le clergé plus que nous et vous êtes homme à juger, sans broncher, de sa capacité et de sa sagesse. Je n'y veux pas contredire. Mais vous partez de là pour lui interdire d'exercer ses droits politiques et civils ; et c'est là que je vous arrête.

Votre manière de raisonner, sauf meilleur avis, ne me paraît pas très claire. C'est une belle chose que la justice, a dit quelqu'un, quand elle est juste ; c'est aussi une belle chose que la logique quand elle ne blesse pas les lois du raisonnement. Or, voici comment vous raisonnez : « Les prêtres pour tout le reste sont citoyens comme nous. » Bien ! « La loi, avec raison, ne les a pas déclarés incapables de prendre part à nos discussions civiles. » Très bien ! Voyons la conclusion. Donc « il me semble qu'ils feraient *toujours* bien de s'en dispenser. » Cela vous *semble*, je le veux bien ; mais il me semble à moi qu'en raisonnant juste, c'est le contraire qui devrait vous *sembler*. Si les prêtres sont citoyens comme nous, pourquoi se dispenseraient-ils *toujours* d'exercer les droits que la loi a eu *raison* de leur reconnaître ? Si la loi ne les a pas déclarés incapables, de quel droit osez-vous le faire ? Et si, comme vous l'avouez, la loi est en cela *raisonnable*, je demande comment il faudra qualifier votre avis. Vous dites toujours que vous aimez la liberté, mais ce n'est pas tout de le dire. Eh bien, il y a des gens qui le disent moins et qui l'aiment plus que vous. Je suis de ceux-là, car je veux la liberté pour tout le monde, même pour les curés.

IV

Plus loin, vous adressant à moi, vous me dites : « Que pensez-vous, père Desroches, de ceux qui veulent absolument mettre dans nos campagnes l'instruction sous l'influence ecclésiastique ? » Ce que j'en pense, je vas vous le dire tout net : Je ne pense qu'une chose, c'est qu'il faut la liberté pour tout le monde ; voilà mon opinion, et je n'en démordrai pas. La liberté pour tous et l'influence à ceux qui la mériteront ou qui l'obtiendront. Tout est là. Il y en a, à ce que vous dites, « qui voudraient partout remplacer les instituteurs par des Frères. » Je n'en sais rien, mais il y en a peut-être bien aussi qui voudraient partout remplacer les Frères par des instituteurs. La loi protége les bons Frères et les bons instituteurs; elle leur laisse à tous la liberté d'élever et d'instruire les enfants. Cela n'a pas l'air de vous contenter. Pourquoi ? Est-ce que la terre n'est pas assez grande pour que tous les braves gens y puissent vivre en paix sans chercher noise à leurs voisins, sans se jalouser les uns les autres ? Ou bien serait-ce trop des efforts de tous ceux qui savent quelque chose pour dissiper l'ignorance et éduquer la jeunesse !

Quand j'ai vu s'établir chez nous une école tenue par les Frères, je me suis dit tout de suite : Tant mieux ! nous pourrons choisir, et il y en aura pour tous les goûts, pour toutes les préférences ; on nous fait cadeau d'une nouvelle école, ne refusons pas, puisqu'aussi bien elle ne nous coûte pas un centime. Voilà quel a été mon premier sentiment, et je m'y tiens. Je ne comprendrai jamais votre manière d'interpréter les choses ni comment fonder une école gratuite, faire du bien au petit monde, c'est semer la division. La division, où ? entre qui ? en quoi ? Vous direz ce que vous voudrez, mais je serai toujours reconnaissant à ceux qui nous veulent du bien et qui nous en font.

Ah ! je sais bien le fond de votre pensée. Les *malins*, comme vous dites, et vous avec eux, bien entendu, ont vu ceci et cela. On voit tant de choses quand on se met à *soupçonner* et qu'on a de la *malice*. Vous voilà donc « prenant hautement parti pour *votre* instituteur, » — cette parole est de vous, — et « c'est ce qui vous à décidés à établir la gratuité de l'instruction, si agréable à cette commune et qui a produit de si bons résultats. » Ce sont toujours vos expressions. C'est vrai, tout de même, que cette gratuité est agréable à la commune. Voilà deux écoles gratuites pour une qui se faisait payer. C'est toujours ça de gagné, et nous serions bien sots de nous en plaindre. La liberté a du bon ; que vous en semble, monsieur le conseiller général ?

Malheureusement, il y a gratuité et gratuité, comme il y a fagots et fagots. La gratuité que « vous vous êtes décidés à établir » ne vous coûte rien ; elle se paye sur le budget communal. Il y a donc une école gratuite qui ne coûte rien à ceux qui y vont, et une école gratuite qui coûte à tout le monde, même à ceux qui n'y envoient pas leurs enfants. Moi, qui ne suis pas des *malins*, quoique vigneron, mais qui, avant tout, suis de mon pays, j'y vois une différence, et très grande, s'il vous plaît !

Tenez, monsieur, franchement et entre nous, vous auriez dû faire comme les fondateurs de la nouvelle école, ouvrir une liste de souscription, puis, vous exécuter bravement et vous inscrire en tête pour une somme ronde. Voilà qui eût été d'un bon exemple et une excellente manière de prouver que vous êtes « progressif et libéral ! » Mais peut-être êtes-vous plus *malin* que libéral ; vous aimez mieux l'écrire et le faire imprimer dans une lettre à mon adresse. Hélas ! à ce que j'entends dire, le monde est plein de ces libéraux qui ne le sont que jusqu'à la bourse.

V

Vous n'aimez pas beaucoup les Frères, comme je vois ; du moins « vous donnerez toujours la préférence à un bon instituteur laïque. » C'est affaire de goût, et sur ce point, m'est avis, vous oubliez trop qu'il ne s'agit pas de vos préférences, mais de la liberté inscrite dans la loi. Sans doute, un bon instituteur laïque est bon, mais un bon Frère n'est pas mauvais non plus.

« Dans votre opinion, l'enseignement et la discipline d'une école laïque valent mieux pour former de bons pères de famille, de bons citoyens et de bons soldats. » C'est votre opinion, mais ce n'est pas un arrêt ; et d'ailleurs vous n'êtes pas infaillible, et il y a, comme disait certain meunier, *des juges à Berlin* ; nous dirions nous autres à Riom. Je n'ai rien à dire contre les institutions laïques ; je suis pour tous les instituteurs qui font leur devoir et comprennent leur mission. Peu importe la robe, et le proverbe a raison : ce n'est pas l'habit qui fait le moine. Mais, en voyant les résultats, on peut croire que les Frères ne sont pas plus incapables que d'autres de former des citoyens et des soldats. Napoléon Ier, qui était un *malin*, celui-là, en avait cette opinion. « Je ne conçois pas, » disait-il, l'espèce de fanatisme dont quelques per- » sonnes sont animées contre les Frères. C'est un » véritable préjugé. Partout on me demande leur ré-

» tablissement ; ce cri général démontre assez leur
» utilité. » Vous voyez, monsieur, que l'Empereur
s'était permis de penser autrement que vous. Moi
chétif, j'ose faire comme l'Empereur. Et d'ailleurs
l'expérience est là. Le fils de mon voisin Joseph est
parti de chez nous simple soldat. Le voilà déjà ser-
gent-major, et pourtant c'était un élève des Frères.
Il y en a d'autres que je pourrais citer, mais ils sont
connus dans le pays, c'est assez.

Vous dites encore : « Je ne regrette point la création de l'école congréganiste. » A votre place, et pour
être bien sûr d'être d'accord avec moi-même, je la
regretterais. N'est-ce pas votre opinion que cette
école vaut moins pour former de bons citoyens et de
bons soldats? Encore une inconséquence que je passe
à votre charge. Mais en quoi je vous loue, c'est d'a-
vouer que « la création de la nouvelle école a fait
naître une heureuse émulation et tourné au profit
de l'instruction primaire. » A défaut de votre aveu,
nous aurions les chiffres. Autrefois, 85 enfants seu-
lement fréquentaient l'école des garçons ; aujour-
d'hui, depuis que l'école des Frères a été ouverte, il
y en a plus de 200 en classe. N'est-ce rien, monsieur,
qu'un tel résultat? Je vous le disais bien : la liberté
qui fait naître les efforts et l'émulation a du bon.
C'est mon opinion, encore une fois, et je ne sors pas
de là.

VI

Vous vous plaignez « de ce qu'il y a des gens qui vous reprochent de n'avoir rien fait pour notre pays, et regrettent que vous n'ayez pas, au Conseil général, coupé la plus grosse part du gâteau pour votre canton. » Il y a toujours des mécontents, toujours des gens qui se plaignent. Je ne suis pas de ce nombre ; et, si gâteau il y a, je ne demande tout juste que notre part, sans vouloir toucher à celle des autres.

Vous vous étonnez ensuite « qu'on ait osé vous représenter comme l'ennemi des chemins. » Que voulez-vous ? C'est toujours l'histoire des mauvaises langues. « Vous pouvez vous proclamer l'ami des chemins. » Soit, mais les raisons que vous en donnez sont curieuses et originales. C'est d'abord que « les idées y circulent. » Cela dépend de qui les fréquente. C'est ensuite que « l'on sait que depuis longtemps vous vous êtes VANTÉ auprès de nous d'être progressif et libéral. » De votre aveu, vous vous êtes *vanté* et *depuis longtemps*. C'est bientôt fait, mais cela n'a pas d'inconvénient pour les *malins* qui savent à quoi s'en tenir, et chacun en prend ce qu'il veut. Cependant il faut que je vous le dise : à la place de ces belles raisons, j'aurais mieux aimé, avec bien d'autres, que vous eussiez fait l'énumération des chemins que vous avez obtenus pour notre canton. Cela eût été un peu plus démonstratif, vous en conviendrez.

VII

Mais voilà que, partant de là, vous vous jetez dans la politique et vous mettez à traiter « des affaires de l'Etat. » Le sujet est grave, et les vignerons de Souvigny y entendent peu. Pour vous autres, messieurs, c'est autre chose. « Vous avez des loisirs que vous employez à parler politique, et vous vous en donnez à cœur joie. » Cette ingénuité a son prix. Vous allez donc entreprendre notre instruction. Quand on a *des idées* et *des loisirs*, on ne saurait mieux les employer qu'à éclairer les ignorants.

Vous nous apprenez d'abord « qu'il vous arrive rarement de vous montrer satisfaits de tout ce qui se passe. » Tant pis ! tout critiquer et n'être content de rien, c'est la marque d'un naturel chagrin. Vous n'étiez pas comme cela autrefois, et, si j'ai bonne mémoire, il me souvient d'un temps où beaucoup de gens tenaient à prendre rang parmi les *satisfaits*. Voyons donc ce qui vous manque. Vous remplissez des fonctions honorables, les plus hautes après celles du prêtre qu'il soit donné à l'homme de remplir sur la terre ; vous êtes conseiller général, conseiller municipal. Tudieu ! il faut être raisonnable et savoir borner ses désirs ! Tout le monde ne peut pas arriver aux premières places ; et d'ailleurs, soit dit entre nous, il me semble que vous n'avez déjà pas trop mal fait votre petit chemin.

VIII

Mais j'entends ce qui vous blesse, c'est que «vous aimez avant tout la liberté,» et que, s'il faut vous en croire, vous ne l'avez point. Ce n'est pourtant pas la liberté de la parole qui vous manque; «car jamais cette liberté n'a été, Dieu merci, ce qu'elle est actuellement en France,» et, c'est vous qui le dites, vous «vous en donnez à cœur joie.» Ce qui vous manque, c'est la liberté en général. Vous l'attendez de l'Empereur, et je ne pense pas qu'il vous la refuse. Comment vous la refuserait-il? Vous promettez en retour «de ne lui point marchander votre reconnaissance.» A ce prix, monsieur, je ne crois pas qu'il *marchande* non plus et qu'il ne se hâte de conclure et de vous prendre au mot pour vous faire plaisir. On ne saurait se montrer trop coulant envers des gens de si bonne composition.

Mais, s'il hésitait, vous avez en poche des arguments *péremptoires et concluants*, comme on dit au palais. «C'est d'abord, dites-vous, que son intérêt le lui commande.» Ou je ne m'y connais pas, ou voilà qui est poussé dans le dernier galant. Mais voyons le reste : «S'il est très fort, il sait que l'opinion publique est très forte aussi, et il a trop d'habileté pour résister à ses réclamations légitimes.» Je ne crois pas qu'à cela l'Empereur trouve rien à répondre. On joue toujours gros jeu avec les *malins*. Aussi «vous avez l'assurance qu'on vous accordera ce que vous demandez ; » et votre *assurance* est bien légitime. Mais vous êtes bon compagnon ; « en ce moment, vous ne voulez demander que fort peu de chose. » Qu'est-ce donc ?

IX

« Dans nos campagnes, la plus essentielle des libertés est celle des élections. Je voudrais la voir respectée et sérieusement garantie. » A mon avis, voilà qui est très bien. Point d'intrigue ni de pression d'aucun côté dans les élections ; c'est un beau programme, cela. Voyons la suite : « J'admets que le gouvernement, qui ne peut rester indifférent dans les élections, s'il s'y présente un de ses ennemis déclarés, le combatte franchement dans le cercle des moyens que la loi autorise. Mais lorsqu'il n'y a que des candidats qui, dans leur indépendance, peuvent se montrer opposants sans être hostiles, pourquoi l'administration interviendrait-elle ? »

Cela est subtil, monsieur, et prête furieusement à l'interprétation et à la chicane. Voilà un candidat *ennemi déclaré*, le gouvernement a le droit, selon vous, d'intervenir. Voici un candidat, *opposant sans être hostile*, il devra garder la neutralité. Mais c'est ne rien dire et ouvrir la porte à l'arbitraire. Comment connaître si un candidat est « ennemi déclaré » ou s'il ne l'est pas ? Qui jugera si un « opposant » est « hostile » ou complaisant ? J'ai lu dans l'Evangile qu'il y a des loups ravissants qui se cachent sous la toison des agneaux. Il y a aussi des hommes qui sont pour tous les pouvoirs et n'en aiment aucun. Avez-vous trouvé un moyen infaillible de les distinguer ? Il fallait le donner. On le cherche depuis longtemps sans l'avoir pu trouver. Ce qu'il y a de plus net, c'est que vous voulez « qu'un gouvernement ne puisse rester indifférent aux élections, qu'il combatte ses ennemis déclarés, et qu'il distingue entre les opposants hostiles et ceux qui ne le sont pas. » Voilà sans doute ce que vous sauriez faire, vous qui êtes un habile homme, si le pouvoir était entre vos mains. Vous taperiez à droite, à gauche selon vos antipathies ou vos appréhensions, et Dieu sait, dans cette bagarre, les horions qu'attraperait cette pauvre liberté que vous aimez tant !

X

Poursuivons : « Je voudrais aussi pour nos provinces un peu de liberté de la presse. » C'est cela, bravo ! « Pas de licence. » Oh ! non. « Il faut pour maintenir la presse une législation ferme, appliquée par des magistrats qui n'oublient jamais leurs devoirs. » Parfait ! une bonne législation, de bonnes amendes bien *appliquées* et par des magistrats *fermes* sur leurs principes !

Et puis, dites-vous, « s'il y avait dans le département quelque journal impartial, ouvert aux réclamations justes et convenables, où serait le mal ? »

Je n'y en vois point, pour ma part. Et Dieu merci ! il y a encore de ces journaux comme vous en voudriez; il y en a chez nous et ailleurs. Au reste, nous marchons, déjà les journaux à cinq centimes viennent nous trouver. « Ce symptôme vous réjouit. » Mais ce qui me réjouit davantage, c'est cette phrase que je ne puis assez relire : « Et le moment n'est pas éloigné, je l'espère, où un vigneron tout aussi bien qu'un avocat aura de temps en temps quelque bonne idée à donner à la presse. » Dieu vous entende, monsieur ! Il arrivera donc un jour où les bonnes idées viendront aux vignerons, au moins *de temps en temps*, tout comme elles viennent aujourd'hui aux avocats. Le ciel en soit loué ! Je suis trop vieux pour voir cela. Mais quel heureux temps pour nos neveux ! Alors on n'aura pas besoin de prendre la peine de nous inculquer les bonnes idées. Elles nous viendront tout naturellement et sans y penser. Alors peut-être ce sera le tour des vignerons de publier de « petits écrits familiers » pour l'instruction des avocats. Alors, enfin, on n'aura pas la prétention de parler en notre nom et de se mettre en notre lieu et place, comme on le fait aujourd'hui. Voilà le lot de ceux qui viendront après nous ; en attendant, nous devons nous contenter, nous autres, d'avoir vu « les petits journaux à cinq centimes » ; c'est bien déjà quelque chose, et je conclus avec vous : « Ainsi donc, ne désespérons point de l'avenir. »

XI

Mais qu'avez-vous donc? Voilà que vous forcez votre voix; votre ton s'élève, votre style s'anime. Je vois ce que c'est : vous allez faire une charge à fond contre les priviléges. Et moi qui m'étais laissé dire qu'il n'en existait plus ! A votre compte, il en existe encore deux que vous approuvez et à qui vous faites grâce, ce qui est assez généreux de votre part, et un troisième qui n'existe point, mais que certains esprits, à ce qu'il paraît, voudraient faire revivre.

Les deux premiers, c'est l'hérédité monarchique et la propriété héréditaire ; c'est-à-dire le droit pour le fils d'un roi de succéder au trône, comme pour le fils d'un ouvrier d'hériter de l'établi de son père. Vous appelez cela des priviléges ; mais il paraît que le mot ne convient pas. Je le tiens d'un de mes amis qui a toujours le nez dans les livres et à qui je montrai votre lettre : « La loi d'hérédité, me dit-il, n'est point un privilége au profit d'un roi, d'un empereur ou d'une dynastie. On a établi cette loi pour empêcher les troubles, les révolutions et les intrigues, dans l'intérêt de la tranquillité publique. Or, c'est mal parler que d'appeler privilége une chose qui est faite pour tous et qui est utile à tous. » — Et là-dessus il me cita un grand homme de loi qui s'appelait Montesquieu, était très savant et ne pensait pas comme vous. Mon ami alla donc chercher l'ouvrage, il l'ouvrit au livre XXVI, chap. 16, et il lut :

« L'ordre de succession est fondé, dans les monar-
» chies, sur le bien de l'Etat, qui demande que cet
» ordre soit fixé pour éviter les malheurs que j'ai
» dit devoir arriver dans le despotisme où tout est
» incertain, parce que tout y est arbitraire.

» Ce n'est pas pour la famille régnante que l'ordre
» de succession est établi, mais parce qu'il est de
» l'intérêt de l'Etat qu'il y ait une famille ré-
» gnante. »

Je vous laisse donc à régler ce point avec mon ami, dont l'avis, du reste, est assez de mon goût. Mais ce que je ne vous passerai point, c'est que vous appeliez la propriété héréditaire un privilége. Le droit d'un père à laisser à son fils le bout de terre qu'il a péniblement acquis par le travail de toute sa vie, c'est pour vous un privilége! Non, monsieur, c'est un droit, cela, et un droit naturel et sacré. Et si j'ose vous le dire, il me semble que vous nous parlez là une langue qui frise celle de Cabet ou de Proudhon, deux hommes qui ont fait du bruit dans le temps.

Quant au troisième privilége, celui auquel vous en voulez le plus, vous ne lui ménagez pas les termes, et vous l'attaquez avec violence. Et pourtant il n'existe encore qu'à l'état de rêve et de projet. C'est vous-même qui en faites l'aveu. Si la noblesse a été constituée autrefois comme corps politique, « un régime nouveau a changé tout cela... La noblesse n'est plus qu'une distinction aussi difficile à régler qu'à définir. » Si vous ne pouvez la *définir*, vous ne savez donc guère ce qu'elle est. Ce n'est donc qu'un point noir à l'horizon. Heureusement votre œil perçant le devine et vous jetez le cri d'alarme.

Nous l'avons en dormant, madame, échappé belle!

Nous dormions, et vous, sentinelle vigilante, vous faisiez le guet, et vous croyez avoir sauvé le Capitole. C'est bien quelque chose, mais vous n'êtes pas le premier à qui cela soit arrivé.

XII

La noblesse n'est donc plus que le droit de porter le nom de ses ancêtres. « Cependant, ceux qui possèdent la naissance — c'est votre style — sont fiers de cet avantage et tiennent à le conserver. » Cela se conçoit. Je suis d'avis que le nom ne fait guère au mérite d'un homme. Et pourtant si, dans ma famille, je trouvais, en remontant, un Desroches qui eût illustré son nom par quelque éclatant service rendu à son pays, je conserverais ce souvenir comme un précieux héritage, et je ferais bravement planter ses armes et son nom au pignon de mon toit de chaume, au risque de faire de la peine à ceux qui s'en offusqueraient.

Vous-même, monsieur, vous pensez comme moi

sur ce point. L'illustration des autres « ne vous blesse pas ; » et je comprends cela, la jalousie est un si vilain sentiment ! Vous aimez à voir « se restaurer les vieux châteaux ; » et je gage que si vous comptiez parmi vos ancêtres — je le voudrais pour vous, monsieur — quelque vieux chevalier dont le nom se rapprochât du vôtre, et qui fût mort à côté du roi, à Bouvines, à Crécy, à Marignan ou à Fontenoy, vous en seriez fier, et que vous illustreriez de son blason le portique de votre villa de la Fontenelle.

« Autrefois, dites-vous, le roi seul faisait les nobles. Aujourd'hui, le peuple s'est mis à en faire, et il a prouvé qu'il ne s'y entendait pas mal. » Et là-dessus, vous citez cinq nobles de la création du peuple, dont trois, pour le dire en passant, appartenaient déjà à la noblesse avant d'avoir été anoblis par le peuple : ce sont Des Aix, de Béranger et Napoléon Bonaparte. Quoi qu'il en soit, monsieur, pour être dans le vrai, il faut dire que les nobles se font eux-mêmes. Ils sont fils de leurs œuvres. C'est l'illustration qui crée la noblesse. Le roi ou le peuple ne font que la reconnaître et lui donner la consécration politique. Voilà, me disait encore l'ami dont je vous ai parlé, l'origine des Bouchard de Montmorency, comme celle des Ney de la Moskowa. Tous les nobles, direz-vous, ne sont pas des Montmorency ; sans doute, il y a des degrés dans les services rendus au pays, comme dans la noblesse qui en est la récompense. Tous les juges, non plus, ne sont pas des d'Aguesseau ni des Molé ; cela ne fait pas qu'ils n'aient leur mérite.

Certainement, il se fait encore des nobles, je n'en disconviens pas, et il s'en fera toujours, puisqu'à défaut du roi, c'est le peuple qui s'en charge. L'Empereur a donc eu raison de créer duc de Malakoff et duc de Magenta les deux officiers dont ces deux noms rappellent la gloire militaire.

Vous appelez ces distinctions de « vains titres, » et cependant ces vains titres « froissent et alarment vos instincts égalitaires et vous donnent de l'ombrage. » Pourquoi et comment? Je ne saurais le dire. Pour moi, je suis plus heureux que vous, et j'avoue que les lauriers du duc de Magenta ne m'empêchent pas de dormir.

XIII

La noblesse donc vous fait peur; cette distinction que vous ne *pouvez définir* vous alarme ; ces *vains titres*, qui ne représentent plus ni *charges ni prérogatives*, vous froissent, et voici en quoi, je vous écoute : « Il y a dans la noblesse des esprits remarquables par leur libéralisme aussi éclairé que sincère…. Ils aiment le peuple et le peuple les aime. » D'honneur, monsieur, si ce n'était pas vous qui le disiez, je n'aurais jamais cru qu'il y avait de ces hommes-là dans les rangs de la noblesse ! Mais vous le dites, et, *progressif* et *libéral* comme vous êtes, vous ne pouvez manquer de vous entendre avec eux, à moins toutefois que ce préambule ne soit qu'une figure de rhétorique mise là tout exprès pour mieux amener le trait final. Et, en effet, nous y voilà : « A côté de ces hommes éminents, combien y en a-t-il qui rêvent, à leur profit, la reconstitution de la grande propriété, le droit d'aînesse, la restauration du droit divin, le retour des descendants des rois légitimes, et je ne sais quel gouvernement aristocratique et patriarcal ? »

Voilà le grand mot lâché, avec la ritournelle sur l'*air connu*. Cela date de loin, et pour un homme *progressif* vous n'êtes guère avancé. Dans tous les cas, il ne suffit pas d'accuser, il faut prouver.

Il y a des gens qui rêvent le retour de toutes les belles choses que vous dites. Mais tant qu'ils se borneront à rêver, cela n'est pas bien dangereux. Rêver, c'est dormir. Ils *rêvent*, soit ; mais que font-ils pour amener la réalisation de leur rêve ? Vous allez nous le dire.

D'abord ils renoncent « à la guerre civile, à l'insurrection, aux conspirations, à l'emploi des moyens violents. » Oui, mais ils n'en sont que plus redoutables pour cela. Et vous signalez bien le danger : « Ils n'ont pas craint souvent d'accepter les places qui leur étaient offertes. » Ils ont fait cela, vraiment ? Quel crime abominable ! Ne pas craindre d'accepter les places qu'on vous offre ! Avez-vous jamais vu de pareils coquins ? Et où irions-nous si l'exemple se propageait ? On leur offre des places, et ils les acceptent bravement sans se faire prier, tandis qu'il y a des gens qui briguent les places, qui font tout pour les obtenir et ne peuvent pas y arriver ! Ils ne veulent point se résigner au rôle de parias; ils consentent à se mêler à la vie de la société et à rendre des services à leur pays. Il ne reste vraiment qu'à se voiler la face devant une audace pareille, et je m'explique bien vos alarmes.

XIV

Mais ce n'est pas tout, ils font pis encore. « Profitant de la liberté d'enseignement qui leur a été concédée... » Les voyez-vous, les scélérats ! ils *profitent de la liberté qui leur a été concédée !* Et sans doute, ils n'y avaient aucun droit, à cette liberté. Sotte loi qui accorde la liberté à tous les Français, et qui ne sait pas faire de distinction entre les citoyens ! Ah ! que n'étiez-vous à l'Assemblée législative, monsieur le conseiller général ! comme vous auriez libéralement su introduire dans la loi quelque amendement de votre cru pour mesurer la liberté à qui la mérite, pour établir de bonnes catégories et mettre chacun à sa place ! Voilà pourtant comment les choses se passent ici-bas. On ne prend jamais conseil des gens éclairés.

Et savez-vous ce qui va résulter de cette maudite loi d'enseignement dont ils *profitent ?* C'est que « ils aspirent à en obtenir le monopole de fait, sinon de droit. » Ce qui veut dire clairement et en bon français, qu'en se servant de la liberté et par la concurrence ils prétendent obtenir la confiance des familles et avoir dans leurs écoles plus d'élèves que les autres. Une semblable prétention ne se peut tolérer.

Aussi M. le conseiller général n'y tient plus ; il se souvient du refrain : *Veillons au salut de l'empire*. et dans son zèle de néophyte il s'emporte jusqu'à la dénonciation : « Oui, ils couvrent le pays de leurs établissements, où l'on élude, autant qu'on peut, la surveillance de l'Etat, pour enseigner toute autre chose que la fidélité aux constitutions de l'empire. »

Je ne suis qu'un simple vigneron, monsieur, mais savez-vous bien qu'à mon sens ce procédé-là est tout simplement odieux? Recourir contre ses adversaires à des allégations qu'on ne prouve pas, leur supposer gratuitement des intentions hostiles, des machinations occultes contre les institutions du pays, cela est-il juste et franc? Je laisse la réponse au public qui nous lit, et j'en appelle à la conscience de tous. Ne vous offensez pas si Mayeul Desroches s'échauffe un peu : c'est la droiture de son âme qui le veut ainsi.

XV

Permettez que je fasse pour un moment une simple supposition, et que je tienne ici un langage que ma pensée désavoue. Que penseriez-vous si, m'ingérant de juger la magistrature, je m'emparais de vos paroles et allais dire :

« La magistrature a joué un très grand rôle en

France. Il fut un temps où elle était souveraine; les parlements remplaçaient les assemblées politiques, et ils étaient parvenus à se substituer aux Etats généraux de la nation. A cette époque, chaque cour avait ses potences et ses gibets. Les juges appliquaient les malheureux inculpés à la torture, et leur donnaient la question ordinaire et extraordinaire pour arriver à l'aveu de délits souvent imaginaires. Ils ne craignaient pas d'employer le fer rouge et de tenailler. C'était même une partie de leurs plaisirs, et Racine, que vous connaissez mieux que moi, y a fait allusion en plein dix-septième siècle, dans sa comédie des *Plaideurs* :

PERRIN-DANDIN.

N'avez-vous jamais vu donner la question?

ISABELLE.

Non, et ne le verrai, que je crois, de ma vie.

PERRIN-DANDIN.

Venez, je vous en veux faire passer l'envie.

ISABELLE.

Hé! monsieur, peut-on voir souffrir des malheureux?

PERRIN-DANDIN.

Bon! cela fait toujours passer une heure ou deux.

» Alors aussi les charges judiciaires s'achetaient, et il suffisait d'endosser la robe pour acquérir la noblesse. Un régime nouveau a changé tout cela. Aujourd'hui le plus petit clerc de basoche peut devenir juge et président en Cour de cassation.

» Cependant il faut nous tenir sur nos gardes. Dans la magistrature, il y a des esprits remarquables, libéraux sincères, progressifs et de leur temps. Mais à côté de ces hommes éminents, combien y en a-t-il qui rêvent à leur profit la reconstitution de l'ancienne organisation judiciaire, la torture, les épices, qui voudraient introduire la question dans le Code, et remplacer la guillotine par la potence?

» Ils ne sauraient arriver à leurs fins par la force et les moyens de violence; mais ils rusaillent, et, comme ils sont experts en chicane, nous n'avons qu'à nous bien tenir, etc., etc. »

Que diriez-vous, monsieur, d'un pareil langage? Qui reconnaîtrait à ces traits notre vieille et glorieuse magistrature? Voilà pourtant votre procédé, et dans ces paroles calquées sur les vôtres, je n'ai changé que quelques mots.

XVI

Pour compléter votre œuvre et ne rien faire à demi, vous voulez entreprendre le voyage de Paris, et vous me proposez d'aller avec vous parler à l'Empereur, offrant même de parler pour moi, qui n'ai rien à dire. N'y comptez pas : ce n'est pas moi qui vous donnerai le bras. J'aimerais mieux, si vous étiez homme à m'entendre, vous dire ma pensée. Vous

prenez trop au sérieux vos titres de conseiller, et, de
même que Perrin–Dandin voulait juger tout le
monde, vous donnez des conseils à droite et à gauche ; vous en donnez à la noblesse, aux vignerons,
aux curés même, qui n'en peuvent mais et n'en
sauraient que faire ; enfin, vous voulez en donner à
l'Empereur lui–même, qui ne vous en demande pas.
C'est trop. L'Empereur sait bien ce qu'il y a à faire,
et ce n'est ni vous ni moi qui pouvons le lui apprendre. Il connaît les hommes et les choses ; il sait où
sont ses amis, et il n'aime pas qu'on se mêle de ce
qui le regarde. Ne craignez rien, il saura bien fermer
la porte aux démagogues, c'est son intérêt et le
nôtre, et il n'est pas besoin de l'avertir sur ce
point.

Vous lui présentez un empire démocratique, et
vous lui dites, comme dans la comédie : « Prenez
mon ours ! » Cela n'est pas neuf. Il y a déjà quinze
ans et un peu plus, quand on nous eût donné la Ré-
publique, il y en eut tout de suite qui la voulurent
démocratique et puis bientôt *sociale*. Aujourd'hui,
nous avons l'Empire, et voilà qu'il y a des gens qui
l'acceptent, mais à condition qu'il veuille bien se
laisser *démocratiser*. L'appétit vient en mangeant, et
demain on le suppliera de se *socialiser*. L'empereur
n'est pas homme à se laisser prendre à ces *blagues*,
comme disait cet autre, et c'est bien heureux pour
nous. Ainsi, monsieur, restez chez vous ; vous en seriez pour vos frais de voyage. Si j'ai un conseil à
vous donner, c'est de plier votre papier et de remettre
votre discours en poche, en attendant une meilleure

occasion. Voilà l'avis du père Desroches et de beaucoup d'autres qui vous veulent du bien.

Un dernier mot. Vous voyez, monsieur, qu'il n'est pas aussi facile que vous le dites d'en faire accroire au père Desroches, et que sur plusieurs questions j'ai aussi ma manière de voir, qui n'est pas la vôtre. Vous vous êtes pourtant donné bien du mal pour m'inculquer vos idées. J'en ai accepté quelques-unes qui m'ont paru bonnes, et j'ai franchement combattu les autres. C'est que nous sommes aussi des *malins*, nous autres vignerons ; il ne suffit pas de nous présenter l'étiquette, nous voulons voir ce qu'il y a au fond du sac. J'ai vu et j'ai dit ce qu'il y avait au fond du vôtre. Sur ce, je vous tire ma révérence et vais à ma vigne des Roches. Le vin sera bon cette année. *Vinum bonum!*

Souvigny, 1er septembre 1865.

Paris. — Imprimerie de Dubuisson et Cⁱᵉ, rue Coq-Héron, 5.

www.ingramcontent.com/pod-product-compliance
Lightning Source LLC
Chambersburg PA
CBHW051352050726
47595CB00006B/2527